Christiane Gerges

Kontemplative Werke, Band 4

Gespräche über die Liebe

ISBN: 978-3-7597-8862-7

Verlag: BoD • Books on Demand GmbH, In de Tarpen 42,
22848 Norderstedt
Druck: Libri Plureos GmbH, Friedensallee 273, 22763 Hamburg

Inhaltsverzeichnis

Gewidmet dem einen Menschen,
den ich mit ganzem Herzen und ganzer Seele liebe.

Vorspann

Den Gesprächen über die Liebe, die in einem Licht-Seelenprozess mit der Natur stattfinden, seien vorausgesetzt die möglichst in einen Satz essentiell zusammengefassten Inhalte aus Gesprächen von einigen meiner Freunde, wie sie diese in sich selbst mit der Liebe geführt haben.

Die Liebe haben wir überall; von der tiefsten Hölle bis in den höchsten Himmel. Dass sie wahr wird, das ist unser Weg.

Eric Hurner

Die Liebestätigkeit: Besonders aufmerksame Vorbereitung zum Dienst.

Nikolaus Rötzer

Liebe ist kein Gefühl, Liebe ist eine Tat.

Karin Carmen Rothkegel

Liebe ist mit dem anderen durch dick und dünn gehen zu wollen - vorher ist man noch im Stadium der Verliebtheit und stellt Bedingungen.

Nikolaus Butin

Liebe ist Vertrauen, den anderen annehmen, wie er ist. Eine Wandlung des Wesens geschieht in sich ergänzender, freier Art und Weise.

S. Mielke

Liebe ist, wenn ich trotz aller Erfahrungen lieben WILL. Im Sinne von schenken, wie die Sonne ihre Strahlen schenkt, ohne Erwartung.

Lilla Boros-Gmelin

Einbezug innerlich und äußerlich mit dem Ziel, einmütige Entschlüsse zu fassen, um miteinander zu sein, was auch kommen mag.

Michael Sölch

Liebe ist der Wunsch nach Verbundenheit. Schicksalsannahme wird Kraft zur Seelenwandlung - Raum entsteht.

Johanna Voigt

Die Liebe ist die vollkommene, raumgebende Bejahung eines Wesens oder einer Sache. Dieser Raum entsteht im liebenden Selbst.

Rebekka Merholz

Liebe schenkt Wärme – Wärme schafft Bewegung –
Bewegung schafft Entwicklung – Entwicklung schenkt Leben.

Klarissa Wolf

Liebe ist etwas, was alles zu lebendigem Blühen bringt.

Susanne Roca

Die Sonne gibt den Pflanzen Licht, weil die Sonne die
Pflanzen liebt. So gibt Seelen-Licht ein Mensch anderen
Menschen, wenn er sie liebt.

Rudolf Steiner

Die Liebe nimmt alles auf und bringt es zum Leuchten.

Martin Rothkegel

Liebe ist die treue, bedingungslose und unegoistisch-
selbstlose Hingabe von Herzenswärme und Fürsorge an alles.

Luna Johanna Erdmann-Brendel

Sich der Welt aus dem eigenen, freien Willen heraus ganz
hinzugeben - sich so opfern und neu zu finden: ist das das
Geheimnis der Liebe?

Benedikt Meßer

Ein Wesen unbefangen in seinem Kern schauen, sich bewegt
mit ihm verbinden und ihm tatkräftig selbstlos helfen, immer
mehr es selbst zu sein, zu werden.

Andreas Kurzmann

Die uneingeschränkte Akzeptanz des Wesens des anderen
(Mensch, Tier).

Das Annehmen des anderen Wesens mit meiner Seele.
Das Aufnehmen des anderen Wesens in meiner Seele.
Das andere Wesen in sich selbst gebären.

Barbara Wiesner

Liebe ist das Erwachen des Menschen in seiner selbst-
gewählten Bestimmung.

Alexander Kirchhöfer

Eigen-Liebe

L aß
I CH-Kräfte
E ine
B estimmung
E rfahren.

Wenn ICH-Kräfte als Christuskraft in Wirkung kommen, führt
Eigenliebe zur Nächstenliebe, zur Liebe des ALLEINS.

Elisabeth Maria Siebierski

Liebe ist eine Geste einer offen interessierten Zugewandtheit
zu einem Gegenüber, die sich in dem Maße steigert, wie sie
mit Ich-durchdrungenen Gedanken durchdrungen ist.

Friedemann Uhl

Liebe ist, das eigene Ich bewusst so stimmen zu lernen, dass
der Christus durch es wirken kann. Und dieses Wirken kann
ganz unterschiedlich aussehen. Klar ist, dass es stets das
Beste, Edelste und Schönste aus dem Gegenüber herausholt
und ihn auf dem individuellen Entwicklungsweg unterstützt,
im Einklang mit der Wahrheit und dem Weltenwohl.

Annabell Hub

Liebe ist wandelnde Auflösung, die Substanz, welche
Verhärtung, Karma und Tod erlöst, ewige Bewegung, ein
Aufgehen in der Wahrheit, der Urgrund und die höchste
Wirklichkeit.

Berit Mücke

Liebe ist das Mächtigste, das Zarteste, alles rosenlicht
durchatmend Versöhnende im Menschen-Welten-Wirken.

Martin Bartzsch

Love becomes, in union found again;
Arising as a myriad of subtleties that refine our physicality
appearing as care and effort of the truly human.

Samuel A. Fisher

Liebe ist das Tor zur Ewigkeit.
Liebe ist der Himmelssegen, ohne den wir verkommen.
Liebe heilt alle Wunden.

Karlutwig Hepp

„L'amor che move il sole e l'altre stelle."
(Dante Alighieri, Paradiso, XXXIII, v. 145) **Fabio Schröter**

For me love is the essential active fact of existence, it makes
me part of the whole Creation and also makes me a Creator.

Sanda Dale

Liebe ist Licht und Wärme, wie eine Flamme in unserem
Innersten, mit der wir die Welt beleuchten.

Wenn wir es ganz sind, werden wir eins mit Gott, mit
unserem göttlichen Sein und erleben höchste Beglückung.
Dann werden wir selbst zur Sonne und ihre Strahlen
berühren die Welt als Liebe.

Christiane Sophia Hubo

In der Suche nach der Christus-Verbindung nähert sich der
Mensch seinem Ich. In IHM sind wir nicht einseitig und
ergänzungs*bedürftig*, sondern ganz; hieraus kann die
Begegnung mit einem anderen Menschen die größte Weite,
die höchste Freiheit finden – und darum auch die reinst Form
der Liebe.

Christian Rummel

Liebe blüht, wenn jede Geste und jedes Wesen wieder
erkannt werden als Teil der göttlichen Schöpfung und wir uns
mit dieser verbunden fühlen und aus dieser Verbindung
handeln.

Cristina Ferraris

Die Liebe ist die unverschleierte, erhebende und
transzendierende Ich-Kraft des Einsseins.

Tristan Schönmüller

Liebe ist die unverhüllte,
der Sonne gleiche
Erkenntniskraft,
die im Menschenherz entfacht,
erhebend
in das Einssein führt.

Marlies Thürling

Auf dem Weg zu einem Bergsee

Durch den Wald:

Gespräche mit den Pflanzen

Im kühlen Schatten hoher Fichten steige ich einen Pfad empor zu einer Almhütte. Um mich sind Farne von einem intensiven Grün, das von Leben zeugt, Moose, die mit ihren unterschiedlichen Grüntönen weiche Tiefe vermitteln. Überall ist der Hang durchströmt von lieblichen Rinnsalen mit klarstem Quellwasser, die sich durch den rötlich bis schwarzen, torfigen Boden schlängeln. Gelbe Sternenblumen, himmelblaue Glöckchen und violette, kugelförmige Blütenkelche leuchten hervor.

Die Schönheit dieser Pflanzenwelt weckt in mir die Empfindung von Liebe, und ich streiche sanft über die Blütenblätter. In großherzig mitteilender Art möchte ich denen, die mich so blühend umgeben, von meinem Innern erzählen, ihnen etwas von meinem Menschsein schenken.

Ich frage die Blumen, die Farne, die Moose, ob sie wissen, was Liebe ist?

Eine verwundert fragende Stimmung liegt in der Luft. Dahinein konzentriere ich mich, das Wesentlichste zu finden:

„Liebe ist, wenn ich für einen anderen mein Leben hingebe.“

Nun sprudeln nicht nur die Quellchen. In mir tönt es quirlig, während das Grün vor meinen Augen sich überall zu bewegen scheint, als ob es meinen Blick aufsaugt:

„Das kennen wir. Wir leben alle füreinander und durch den anderen.“

Ich werde liebevoll aufgenommen, fühle meinen Atem im Zwischenraum zu ihnen, wie von ihnen durchdrungen und bewegt.

Und doch ist es nicht, was ich im Innern meine. Hört:
„Liebe ist, wenn ich den anderen umhülle.“

„Das kennen wir!“ leuchten die Moose mir entgegen. „Sieh, wie wir den Stein umkleiden. Welch liebevolle, zarte Stimmung von uns ausgeht.“ (Foto S. 15)

„Doch ihr könnt nicht aufhören damit! Es ist Eure Natur, zu umhüllen. Vielleicht ist Liebe manchmal auch, Verzicht zu leisten?“

„Verzicht? Wo bleibt dann die Hingabe Deines Herzens? Mit dem Verzicht verdunkelst Du einen Teil Deiner

Herzenskraft. Sieh, wir geben uns ganz und gar! Verzicht ist

außerdem auch zweckgebunden. Verzicht ist nicht, was wir als Liebe anerkennen!"

Ich staune: „Wo ist denn Euer Herz? Ihr habt ja keine Herzenskraft! Genau die wohl macht die Liebe aus!"

Eine gedrückte Stimmung ist überall um mich herum, wie wenn ein Gewitter im Anzug ist. Es scheint zu kulminieren, und ich empfinde mich aus der Natur ausgestoßen. „Oh, Du kannst nur nicht schauen, bist voll von Vorurteilen durch das, was Du meinst zu kennen." höre ich in mir in Worten geformt. Dann wie ein kleiner Sonnenstrahl, der das Verschlossene wieder eröffnet, ertönt die Frage:

„Was macht Dein Herz aus? Was ist das Wesentliche Deines Herzens?"

„Nun es ist meine Mitte. In ihm fühle ich den Puls des Kosmos. Und hier kommen meine rhythmischen Willensimpulse zusammen mit den Lichtimpulsen meines Denkens. Hier kann ich wägen und meinen Weg finden."

„Wir haben auch solch ein Organ, Du kannst es nur nicht im Physischen als abgeschlossen erkennen. Es ist der Ort der Wandlung unseres Samens. Von hier aus tasten wir mit unseren Wurzeln in die Erde und in die andere Richtung mit unseren Blättern und Stengeln hoch in das Lichtreich des Himmels. An diesem Ort nimmt die Erde in uns den Kosmos wahr."

„So könnt auch Ihr mit diesem Eurem Herzen das Gleichgewicht zwischen Erde und Himmel finden. Doch Gleichgewicht ist noch lange nicht Liebe! Ihr habt nicht die Kraft, anderen Licht zu schenken mit Eurem Herzen!"

„Wieder siehst Du nicht genau hin! Sieh, wie wir das Sonnenlicht wandeln in farbigen Schein. Wie unsere Blüten leuchten zur Freude der Erde und auch des Sonnengeistes. Er schenkt uns das Licht, das wir ihm hinwieder so herrlich durch unser Wesen verwandelt darbringen. Jede Blüte von uns ist ein einziger Gottesdienst!“

Ich komme mir immer unbedeutender vor. Das Missionieren-Wollen ist zur Ruhe gekommen. Es tönt aus der Erinnerung: „Liebe ist, mit einem andern Wesen zu verschmelzen.“

„Ja, das kennen wir auch. Morgens, wenn der Tau kommt, nehmen wir ihn in uns auf. Wenn die Sonne scheint, so dringt sie tief in uns ein und durchwärmt uns.“

Das Wesen der Pflanzen fängt an, in mir als Offenbarung zu leben. In einer solchen Art, dass mein eigenes höhere Wesen staunend in seinem Sein erwacht. Doch noch kommt meine Selbstbehauptung hoch:

„Nun, aber empfindet Ihr etwas dabei, wenn Ihr Euch mit dem Tau, mit der Sonne vereint?

Wie kann Liebe sein ohne Empfindung?“

„Schon wieder scheinst Du alles über uns zu wissen. Die Hierarchien empfinden in uns, und wir haben Anteil an Ihrer Empfindung. Dieses Gefäß-sein-können für die Hierarchien, die Hingabe an ihre Empfindung, ist das nicht Liebe? Sieh, wie sie uns mit Schönheit erfüllen. – Könntest Du, ohne dass Du Schönheit erlebt hast, lieben?“

„Nein, Eure Schönheit erweckt in mir die Liebe. Ich weiß nicht, ob ich, wenn ich zwischen Beton groß geworden wäre, Liebe empfinden könnte. –

Und doch fühlt sich meine Liebe anders an, als was von Euch ausströmt!

Ihr könnt die Liebe nicht wollen! Ihr seid einfach in ihr!“

„Wenn Du sie willst, dann ist sie ja für Dich? Wie kann es Liebe sein, wenn Du sie brauchst für Dich? Selbst wenn Du sie zu jemanden anderen hingerichtet willst, so hast Du doch den Zugriff auf die Liebe. Du willst sie zweckgebunden, auch wenn sie für jemanden anderes ist und sie sich nicht von alleine einstellt.

Sie ist nicht aus ihrem ursprünglichen Wesen heraus einfach da, denn Du greifst willentlich ein!“

Ich erlebe dies staunend mitfühlend und erkennend. Kam ich mir vorher frei vor, in der selbstbestimmbaren Liebetätigkeit, erlebe ich jetzt darinnen meinen Willenszugriff auf ihr Wesen.

Immer stärker bin ich durchdrungen von der Wesensbewegung der Pflanzen. Alle Welt der sich entfaltenden Möglichkeiten scheint sich zu verdichten, wie in den Kelchblättern und wie eine Knospe hervorbricht, bin ich durchlebt von der Erkenntnis:

„Ich habe die Möglichkeit, mich selbst als Liebe zu wollen! Dann   b i n   ich Liebe! Sie ist mein Sein und ist nicht mehr zweckgebunden.“

„Und Dein Menschsein, wo bist Du nun damit?“

„Dies ist das höchste Menschsein! Es ist die Liebe!“

„Noch einmal fragen wir Dich, ob Du lieben kannst, ohne durch unsere Schönheit für die Liebe geweckt worden zu sein? Ist es nicht unser Wesen in Dir, das Dir die Liebe erblühen lässt?“

„Ja, ich erkenne mein Menschsein als Liebe im Vereint-Sein mit Eurem Wesen! –

Doch wieder fühle ich einen Unterschied von dem, was Ihr lebt, zu dem, wie es sich in mir gebärdet. Eure leidenschaftslose Liebe, sie braucht den Menschen nicht. Wenn ich dagegen Liebe bin, ist mir das Herz so glühend warm! Ein Wärmestrom bricht mir oft sogar aus den Händen."

„Hast Du den Schnee schmelzen sehen, wenn unsere Blüten zum Lichte streben?"

„Ist's nicht die Schwefelkraft in Euren Blüten, die sich dem astralen Licht der Lüfte vereinen will? Es ist die natürliche Kraft dieses Minerals, nicht die Kraft eines individuellen Herzens in einer ganz bestimmten, glühenden Ausrichtung!

Ist die Liebe in dieser leidenschaftslosen Weise nur in mir, so entsteht keine Entwicklung. Es breitet sich ewig Ruhiges, Gleiches aus; wie Eure Blüten seit Jahrhunderten, ja seit Jahrtausenden sich in der gleichen Art entfalten. Die Liebe, die in mir erglüht zu einem Menschen, zu einem ganz bestimmten und nur zu diesem, die wird in selbstloser Art diesem in seiner einzigartigen Entfaltung zum Segen und in wechselseitiger Beziehung wird sie sogar erhöht und kann zum individuellen Gefäß werden für die Liebe, die vom Himmel kommt."

Die Bewegung der Pflanzen in mir als Einzelmensch macht mich leidenschaftslos ohne warmes Herz. Doch die Bewegung und damit das Wesen der Pflanzen aufzunehmen in einen gemeinsamen Beziehungsraum, den ich mit einem anderen Menschen in warmer, glühender Herzenskraft bilde, hebt mich als Mensch aus meiner Selbstbezogenheit und lässt die Beziehung zu einem Gefäß werden, in welches sich die Hierarchien, die Gottheit hineinsenken können.

An der Baumgrenze:

Gespräche mit den Tieren

Es wird lichter, trockener um mich herum. Die Baumgrenze ist erreicht. Ich bin alleine und meine Füße setze ich lauschend auf die Erde auf. So bleiben etliche Tiere, die jetzt in baumloser Gegend leichter zu sehen sind, in meiner Nähe. Gerade entdecke ich die Köpfe zweier Rehe, die sich ins Gras ducken. Ängstlich heben sie die Näschen. Drei Marderkinder recken ihre Hälschen unter einem Felsblock hervor und ziehen sich schnell wieder unter den sicheren Stein zurück. Ein Rotschwänzchen schnalzt seinen Warnruf ‚Tj' ‚Tj', damit die Kleinen in dem Nest in der Fichte keinen Laut von sich geben. Angst schlägt mir entgegen, Angst vor dem Tod.

Wir Menschen werden mit Angst und Schmerz geboren, unsere Kinder schreien laut, wenn sie in die Erdensphäre eintauchen. Bei den Tieren scheint es umgekehrt zu sein. Sie werden mit Freude geboren, manche stehen gleich und hüpfen spielend in der Welt umher. Doch sie haben die Angst vor dem Tod. Wir Menschen auch? Diejenigen, die das Vertrauen zu Gott in sich tragen, sie sterben in Frieden und Seligkeit. So ist das gerade anders herum als bei den Tieren. Die Gruppenseele der Tiere breitet sich durch die physischen Geburten in die Vielfalt aus. Als Seelenstimmung entspricht diese Ausbreitungsbewegung der Freude. Der Mensch allerdings verliert durch die Geburt die Himmelsseligkeit und begibt sich in die Enge seines niederen Selbstes. Dieses Enger-Werden entspricht der Bewegung der Angst. Im Tod dagegen weiten wir uns in den Kosmos. Ist es gar nicht menschlich, Angst vor dem Tod zu haben? Leben wir mit der Angst vor dem Tod in der Sphäre des Tierreiches? Die Tiere werden mit dem Tod in die Konzentration der Gruppenseele, in das Einzelne gezogen, dadurch die Seelenstimmung der Angst. Welche Auswirkung hat unser tierhaftes Sein auf die Medizin der heutigen Zeit?

Zwei schwarze Eichhörnchen toben auf einem Felsen hin und her.

Die Tiere wollen nicht alleine sein. Sie brauchen sich gegenseitig. In Rudeln schützen sie sich und können ihre Seele entfalten. Das haben wir mit ihnen gemeinsam, wir brauchen auch die Gesellschaft und können uns so recht freuen, wenn wir gesellig beisammen sind. Ich sehe einen Schwarm Dohlen oben im Fels. Ihr Bewusstsein scheint als Gemeinsames über ihnen zu schweben, sie wie Finger eines Wesens hin und her zu treiben. Dieses Hervortreten des Gruppenwesens lässt mich aufmerksam werden auf den Unterschied, dass ich als Mensch nicht nur das dumpfe Gruppenbewusstsein wie die Tiere habe, sondern gerade in einem Kreis von Menschen, je nach den gemeinsamen Themen ein Wacher-Werden des Einzelnen, ein Reflektieren, Gespiegelt-Werden entstehen kann.

Wie anders ist das Gespräch mit den Tieren als mit den Pflanzen. Das Pflanzenbewusstsein erkennend, entfaltete sich mein Menschsein mit ihm, und die Frage nach der Liebe erhöhte sich Stufe um Stufe in der Art und Weise wie die Pflanze selbst sich entfaltet von Stufe zu Stufe vom Keimblatt bis zur Blüte. Wenn ich allerdings das Tierwesen versuche, zu verstehen, setze ich es wie von mir ab, und das Menschenbild schält sich dann aus dem Abgesetzten heraus.

Also die Freude, in Gemeinschaft zu sein, sollte mit dem Bewusstsein des Aufwachens am Anderen verbunden sein, sonst macht mich Gemeinschaft dumpf. Je unterschiedlicher sich eine Menschengemeinschaft von ihrer Weltanschauung zusammensetzt, umso wacher kann ich werden. Vermischt sich die Angst vor dem Alleinsein mit dem Bedürfnis nach Gemeinschaft, dann tauche ich in das tierische Gruppen-bewusstsein ein, sei es nur mit einem anderen Menschen oder mit mehreren.

Ich hatte einen Hund und weiß, wie leer jetzt die Räume ohne ihn sind. Er lag oft nur still da und hat mich mit treuen, sehnsuchtsvollen Augen angeschaut. Doch er war über seinen physischen Leib hinaus mit mir verbunden. Eine warme, liebevolle Verbundenheit, mit welcher er mich in seine Seele hüllte oder einen Teil meiner Seele in sich aufgesogen hatte, so dass ich wie verbreiteter im Raum war. Ich nehme den Unterschied erst jetzt wahr, da er weg ist, denn diese Gemeinschaftsbildung hat in Unbewusstheit kontinuierlich durch die räumliche Verbundenheit stattgefunden, auch wenn ich mit meinen Impulsen beschäftigt war, also mich gar nicht bewusst ihm zugewendet hatte.

Dieser gemeinsame Seelenleib entsteht auch, wenn wir mit Menschen zusammenleben, ob in einer Ehe oder auch nur in einer Wohngemeinschaft. Er dunkelt das Bewusstsein herab. Es entsteht eine Art Seelensymbiose, die zum Ausdruck kommt dadurch, dass Gewohnheiten sich einstellen.

Wie kann ich meine Individualität aufrecht erhalten in einer menschlichen Gemeinschaft? Wenn ich keine Handlung aus Gewohnheit vollziehe, weder das Frühstücksei am Sonntag, noch Tagesabläufe? Alles muss ich gegenwärtig abwägen, um mich aus dem zum Tierreich gehörigen unbewussten Gruppenmäßigen zu erheben und aus meiner eigenen Mitte zu handeln. Wann ist der bewusst gemeinsam gebildete Leib von zwei Menschen, die sich leiblich vereinen, nicht in dieser tierischen Gewohnheit wirksam? Vielleicht dadurch, dass man eine gemeinsame Mitte bildet? Bleibt dann das Ich-Bewusstsein? Wie bleibe ich als Individualität dabei frei?

Außerhalb des Seelischen, das wie ein Boden für die Liebe werden kann, sei es sumpfig, morastig oder auch nahrhaft muttererdig oder gar das Höhere spiegelnd wie glitzernder Granit, gibt es denn im Tierreich etwas Geistiges, das mit Liebe verbunden ist? Etwas, das existentiell, lichthaft, nicht auf das Wohlsein des Individuum gerichtet ist?

Mir leuchtet eine höhere Art von Liebe als das seelische Bedürfnis von Nähe auf, das in Erscheinung tritt als selbstlose Mutterliebe. Ja, wo ein Muttertier sogar die Angst vor dem Tod vergessen kann und sein Leben opfert, um ihr Junges zu schützen.

Doch auch der Opferbegriff will so nicht stehen bleiben, auch er will sich herausschälen, das zu tief Angelegte im Tierreich aus sich heraus setzen: Kann etwas Opfer sein, wo die Willensrichtung nur auf's Selbst gerichtet ist? Wo ich etwas weggebe, um doch nur ein Anderes, was zu mir gehört, zu schützen? Ich gebe ja dann nur etwas weg, um einen anderen Teil zu erhalten. Wie anders kann Opfer sein, wenn das Opfer nicht das Weggeben von sich ist, sondern das Wandeln des Selbst? Dieses Wandeln, das nicht nur einen Teil von mir betrifft, kann nur vom Bewusstsein ausgehen. Denn ich kann mich nicht in etwas wandeln, was außer mir ist, dorthin kann ich nur geben. So muss ich die nächste Wandlungsstufe erst in mir erzeugt haben, indem ich ihr Wesen in mir aufblühen lasse. Diese bewusste Ausrichtung zu einem in mir erzeugten Wesen ist reine Ich-Tätigkeit, ist in jedem Moment gewollter Gedanke, gedachter Wille. Ich werde mit ganzem Herzen und ganzer Seele Opfergefäß für dieses von mir erzeugte Wesen in Ich-Tätigkeit. Ist dieses die vom Tierreich herausgeschälte Mutterliebe?

Die Mutterliebe gibt es bei uns Menschen in gewisser Weise auch so physisch wie bei den Tieren, also nicht als Opferwandlung des eigenen Wesens, sondern auf ein Kind bezogen. Nicht, dass das ganze Dasein dann darauf ausgerichtet ist, aber die eigene Seele wird ganz in das Kind hineingegossen, welches dadurch Seelensubstanz erhält und sich entwickelt und entfaltet. Wenn Mütter mit kleinen Kindern einen begrüßen, so ist oftmals gar keine Begegnung mit der Mutter möglich. Sie scheint nur damit beschäftigt, dass das Kind die Hand gibt, geht mit ihrem ganzen Willen nur durch das Kind durch in die Welt hinaus. Das scheint für das Kind in einem gewissen Alter notwendig zu sein, solche Seelennahrung zu erhalten. Nicht geliebte Kinder können ihr Wesen kaum ergreifen, sie haben keinen Seelenboden, auf welchem sie sich entfalten können. Es wird deutlich, dass irgendwann der Moment kommt, wo diese Dynamik kippen kann, wenn sie sich nicht ausschließlich nach den Bedürfnissen des Kindes richtet, wenn die Mutter dann durch das Kind lebt und keine eigene Mitte mehr findet. So ist die natürliche Mutterliebe im Menschen nicht nur das ganz in das Kind Hineingegossen-Sein, sondern eher ein Erlauschen, wieviel Nahrung wirklich gebraucht wird.

Hier stört mich eine Mücke, die gerade ein wenig Blut abzapfen möchte. —

Ist das Kind mit 21 Jahren frei und unabhängig im Leben stehend oder ist noch eine Bindung da, die über das freundschaftlich Dankbare hinausgeht? Und die Übertragung dieser Fragestellung ins allgemein Menschliche: Brauche ich

Befriedigung durch die Tatsache, dass ich für ein anderes Wesen wichtig bin, von Bedeutung bin? Und die Überprüfung umgekehrt: Hat mich jemand so abhängig von sich gemacht, dass ich das Erleben habe, ich kann ohne ihn nicht meine Aufgabe erfüllen? Die Frage betrifft auch von mir angestellte Menschen, die sozusagen anscheinend dafür da sind, mir Teile weg zu nehmen. Was ziehen sie durch Ihre Hilfe aus meinem Bewusstsein? Dann ist Übergriffigkeit vorhanden auf die freie Ich-Entwicklung. Einer ernährt sich in tierischem Schmarotzertum von der Individualität des anderen. Er ist nicht wichtig, weil er als Individualität einzigartig ist, sondern weil er für jemand anderes wichtig sein will.

Kann es Liebe geben, wo man nicht auf eigenem Boden steht, sondern die Bedeutung seiner Person aus dem Schmarotzertum, aus der Bedeutung, die man für den anderen hat, heraus nimmt?

Ist Liebe in einer Gemeinschaftsbildung nur da möglich, wo keine Befriedigung der Gewichtigkeit der eigenen Person entsteht?

Und: Wie kann ich meine Arbeitsbeziehungen, meine Familienbeziehungen veranlagen, dass niemand von mir abhängig wird, sondern nur Anregung und gegenseitige Unterstützung stattfindet?

Wieder taucht ein Reh auf. Das gemeinschaftliche Bewusstsein ist bei den Tieren in einer Art Hierarchie geordnet. Der Wille des Gruppenwesens scheint durch den Anführer durchzuwirken. Die Vögel und Fische bilden da wohl eine Ausnahme. Ich will sie später anschauen. Die Hierarchie eines Rudels jedenfalls kann sich sofort neu ordnen, wenn der Anführer stirbt. Ein neues Individuum wird der Verbindung zu dem Gruppengeist dann durch Rangkämpfe und Auswahl aus den vorhandenen Tieren zur Verfügung gestellt.

Bei uns Menschen gibt es auch hierarchische Strukturen. Doch werden sie fast immer zum Machtinstrument desjenigen, der an oberster Stelle steht, wenn er nicht nur Vermittler ist zum Geistigen, sondern die hierarchische Struktur auf sich selber als Oberster zieht. Die Verführung für das Selbst ist groß, denn das Wesen dessen, der die obige Position hat, fühlt sich schnell zu Hause in der Ausbreitung nach unten, in dem scheinbaren Angenommen- und Bestätigtwerden durch die 'Menge'. Ausbreitung entspricht, wie schon beschrieben, der Seelen-Gebärde der Freude, wo ich mit offenen Armen in die Welt ströme. Als Vermittler habe ich immer die Verantwortung, das mir Höhere durch mich durchströmen zu lassen.

Die Verbindung nach oben, zum Geist, lässt sich nicht mit ausströmenden Armen herstellen, denn da bewege ich mich mit meinem persönlichen Selbst, wenn auch in Freude. Für die Verbindung zum Geist, muss mein agierendes Selbst sich zu einem 'Hörer' wandeln. Es wird durch diese Umkehrung seiner Tätigkeit vom Agieren zum Hören zu einem Sinnesorgan. Ein Sinnesorgan kann uns einen Bewusstseinsfokus schenken durch die Bildung eines Kreuzungspunktes. Dort kann sich unser höheres Ich aufhalten; besser gesagt durchfließen. Das Bilden eines Kreuzungspunktes mit dem Selbst geschieht durch Übungen der Konzentration, durch Meditation oder durch äußeres Schicksal, durch Schicksalsschläge. Solch ein Kreuzungspunkt fühlt sich im ersten

Moment an wie schmerzvolles, unangenehm verdichtetes Zusammenziehen. Doch das betrifft nur das Selbst, das keinen Raum mehr bekommt im Ausfließen. Kommt dann die Seelenstimmung des Vertrauens in die geistige Welt hinzu, des Erhörens der geistigen Wesen, dann wird das Selbst zum Sinnesorgan für das höhere Ich. Und dann kann das geistige Wesen, das in der hierarchischen Gemeinschaft Leib bekommen soll, in Reinheit durch dieses Ich zur Wirksamkeit geführt werden. Korrespondierend zu dem Gefühl der Ausbreitung nach unten als befriedigende Freude des Egos, kann hier die Liebe durch das geistige Wesen geschenkt werden, die dann durch die Seele des Vermittlers zu den Mitmenschen ausstrahlt. Das vom Aspekt des niederen Selbst ausgesehene schmerzhaft sich zusammenziehende schwarze Kreuz mit seinen roten Rosen ist zum weißen Lichtkreuz geworden, das reines grünes Leben spendet.

Ein Schlüsselbegriff für die Reinheit der hierarchischen Struktur ist die „Verantwortung".

Solange ich die Verantwortung, die ich habe, durch Grenzziehungen aufrecht erhalten muss, solange ziehe ich die Macht meines Selbst in die Ausbreitung nach unten. Und die Dynamik der Kriege entsteht, die der Abspaltung, der Ausgrenzung von Impulsen von anderen Menschen. Doch wenn ich die Verantwortung in der mütterlich fördernden Weise ergreife als Förderung alles dessen, was an freien Impulsen in den Menschen um mich herum sich ausgestalten will, dann kann ich darauf vertrauen, dass die Vielzahl der unterschiedlichen Impulse sich gegenseitig anregt und Ausgleich sucht, wie alles Lebendige. Und dann kann das Wesen durch mich strömen, das die Freiheit selber ist, und dadurch werde ich zum Quell einer Liebe, die keinen

Menschen verurteilt und abgrenzt. Ich bin dann nicht der Führer, sondern der Vermittler.

Jetzt besteht, anders wie im Tierreich, nicht der Anschluss an ein Gruppenwesen, das sich nicht recht in einen einzelnen Leib inkarnieren kann, sondern der Anschluss an das Wesen, das sich durch das Kreuz mit seinem Ich mit der Erde verbunden hat und dadurch die Freiheit und die Liebe selber ist.

Eine Biene summt von Blüte zu Blüte. Es gibt im Tierreich auch eine umgekehrte Hierarchie, wo durch eine bestimmte Nahrung eine Königin gebildet und vom Volk versorgt wird. Sie kann auch jederzeit getötet werden, wenn etwas Störendes eintritt. Haben wir Menschen auch solch umgekehrte Hierarchie? In einer Einweihungshandlung, wo alle ihr Seelisches zur Verfügung stellen, dass einer etwas in sich erzeugen kann. Große Selbstlosigkeit braucht es dafür von den anderen, die eigentlich nichts für sich selbst davon haben, sondern ihre Seele dem Einen zur Verfügung stellen.

Kaum habe ich diesen Gedanken zur Sichtbarkeit bekommen, da zieht ein Schwarm Bergdohlen aus dem Tal zu mir her. Sie kreisen in der warmen Luft den Hang hoch. Die Vögel und Fische bilden ihre Gemeinschaft als Schwarm. Haben uns die Rudeltiere, wenn ich das Tierische vom Menschenwesen absetze, im Sozialen zu einer Hierarchie geführt, wo das Bewusstsein in einem Kreuzungspunkt nur ist, in einem Mittelpunkt, der alles andere durch sich hindurch erblühen lässt, so führt mich der Schwarm in den Umkreis. Eine Gemeinschaftsbildung im Tierreich, wo durch geometrische Formen und bestimmte Ordnungen das Gruppenwesen sich kundgibt. Wer aus der Formierung fällt, ist in großer Gefahr und hat kaum Chancen zu überleben.

In Menschengemeinschaften tritt diese Umkreisbildung dort auf, wo die Form das Gemeinschaftsbildende ist: bei Organisationen und Institutionen, die ihre Stärke aus gemeinsam verbindlichen Absprachen heraus in der Welt entfalten; wo Statuten bzw. Gesetze die führende Macht bilden, denen jeder Einzelne, auch eine scheinbare Leitung, sich unterzuordnen hat. Ein einzelner Impuls bedeutet nichts, wenn er nicht von der ganzen Gemeinschaft bewilligt worden ist. Es ist eine sehr schwerfällige Entwicklung damit verbunden. Wie lange braucht es z. B. im Rechtsleben eines Staates, bis ein Gesetz verändert werden kann?

In Worten der christlichen Terminologie ausgedrückt, ist die Rudelgemeinschaft mehr aus dem cherubimischen Wesen geprägt, das mit Stärke und Überwindung des Selbst einhergeht, die umgekehrte Hierarchie der Bienen aus dem seraphischen Wesen, wo selbstlose Hingabe und selbstlose Tätigkeit Gemeinschaftsbildung ist, und das Wesen des Schwarms ist aus den Thronen herausgesetzt und bildet Umkreisform, zum Schutz des einzelnen Individuums.

Da wir alle diese drei tierischen Gemeinschaftsbildungen noch außer uns im Tierreich sichtbar haben, so wird nicht eine davon die Optimale sein, sondern wahrscheinlich ist, dass das Menschenwesen in Gemeinschaft erst im Guten leben kann, wenn wir alle drei Formen in uns vereinen:

Das sich als Kreuzungspunkt geöffnete Ich, das in selbstloser Hingabe und Liebe auf ein Wesen ausgerichtet ist und das Gleichgewicht zum Umkreis-Ich mit einbezieht. In dieser Art ausgerichtet hat der Mensch eine Freiheit erzeugt, welche auch dem Willen anderer Menschen Verständnis entgegenbringen kann. Durch ihn kann eine Liebe strömen, die die Impulse der Gemeinschaftsbildung bezüglich des eigenen Ich, bezüglich des höheren Ich und des Umkreis-Iches gleichermaßen berücksichtigt.

Fast stolpere ich über zwei große Weinbergschnecken, die sich gegenseitig in ihren Häuschen besuchen. Die Sehnsucht der Tiere nach Vereinigung wird mir bewusst. Sie wird anscheinend bewirkt von dem Gruppenwesen, das sich weiter auf der Erde ausbreiten möchte und wie mit unsichtbaren Fäden werden die einzelnen, oft weit auseinander lebenden Individuen, von oben her zusammengezogen und finden sich. Und das auch noch in der jahreszeitliche Dynamik, so dass diese Sehnsucht der Tiere nie ohne die Harmonie mit den über den Gruppenwesen stehenden geistigen Wesen, die den Jahreslauf regeln, impulsiert wird. Auch eine zärtliche Paarbildung für's ganze Leben kommt im Tierreich vor. Dann geht sie sogar mit Schmerz einher, wenn der Partner nicht sichtbar ist; mit Trauer, wenn er stirbt. Ein Schwan kann ja sogar vor Schmerz seinem Partner nachsterben.

Und nun wird etwas sichtbar, was mit einer räumlichen Dynamik zu tun hat. Es gibt ja Tiere, die sich nicht in die Erdensphäre gestellt haben, mit ihren Füßen den Boden nicht berühren, sondern wie die Mistel auf den Bäumen als Schmarotzer gelten. Sie leben wie der Mond um die Erde herum, von den Erdenkräften angesogen, doch ohne sich mit dem Mittelpunkt der Erde einen zu können. Sie tauchen nur ein bis ins Wässrige der Erde, bis ins Blut der anderen Wesen. Dadurch wird ihre Vereinigung und Vermehrung nicht durch die Geistigkeit der Jahreszeiten geregelt, sondern vom Mondenzyklus. Alles, was sich vom Blut anderer Wesen ernährt, hat seine geschlechtlichen Prozesse stark mit Voll- oder Neumond verbunden. Solche Tiere sind zwar in Europa an den Sommer gebunden, jedoch nicht wegen eines Jahreszeitenrhythmus, sondern weil sie als Kaltblütler nur bei einer bestimmten Temperatur leben können.

Diese Schmarotzer-Tiere sind der Monden-Dualität von Voll- und Neumond ausgesetzt, ohne in die Polarität der Erde eintauchen zu können. Die Polarität hat im Unterschied zur Dualität die Neigung zur Dreiheit. Sie hat ein übergeordnetes Vereintes in ihrem Wesen, während die Dualität nur den Egoismus des Kräfteziehens im Hin und her zur Grundlage hat. Im Menschen entspricht die Sexualität dem Vereinigungswillen, wie er sich herausschält aus dem Mondenwesen der Schmarotzer-Tiere. Die Sexualität ist auf den Egoismus ausgerichtet.

Die Erlösung des Egoismus entsteht folglich durch liebevolle Hingabe an die Erde. Dann wird die Dualität durch die Polarität erlöst. Die Hingabe an die Erde bringt mich in die polare Dynamik von Bewegung und Form. Jede Form ist durch ein Prozessgeschehen entstanden, ist eine zur Ruhe gekommene Bewegung. Da wir Menschen in jeder Bewegungsmöglichkeit auch einen Laut erleben können, kann ich auch sagen, jede Form ist ein zur Ruhe gekommenes, kondensiertes Wort. Die Formbildung schenkt uns Bewusstsein, der Prozessweg zur Form ist bewusstseinsschenkende Schöpfungskraft. Und in jeder Form wiederum den Bewegungsprozess zu erkennen, ist die Möglichkeit des Menschen, die Schöpfung zu erlösen. Diese Polarität sichtbar zu machen, ist der Urgrund des Kultischen auf Erden, denn sie führt mich zu dem Dritten, das da ist das Leben. Wenn ich mich frage, wodurch ich erkenne, dass etwas lebt, so ist das Offensichtlichste die Wahrnehmung von Wachstum und Bewegung. Doch auch ein Same lebt. Wird er in der Wüste aufbewahrt, kann er 3000 Jahre lang leben, ohne in die Bewegung oder in das Wachstum zu gehen. So wird deutlich, dass die Dynamik des Lebens auf Erden nicht nur in die Bewegung, sondern in die Polarität von Form und Bewegung inkarniert ist. In der bloßen Bewegung habe ich noch lange nicht das Leben, sondern in dem Prozessgeschehen wie eine Bewegung zur Form führt und wiederum zur Bewegung. Wenn ich Form und Bewegung in ihren Qualitäten als Schöpfungsprozess und Erlösung, bzw. Auferstehung denke, leuchtet mir aus dem Wesen des Lebens die Liebe auf. Und ich ahne, warum der Impuls der Liebe speziell auf Erden aufzugreifen ist.

Ich erkenne in der Polarität von Schöpfung und Auferstehung, in die sich die Liebe inkarniert, eine Form- und Bewegungsdynamik, die nicht in der Dualität von Sonne und Mond hängen bleibt. Die Liebe kann in ihrem Schöpfungsaspekt die Sonnenlicht spiegelnde Form der Mondenschale zum Aufnehmen der geistigen Sonne veranlassen und die Liebe kann in ihrem Erlösungsaspekt das Sonnenlicht wie einen vom Menschen-Ich geführten Speer bis in das Herz der Erde dringen lassen, so dass die Sonne zum Herz der Erde werden kann. Diesen Speer kann das Menschen-Ich führen, wenn es das Licht seiner Gedanken mit dem Herzen verbindet, in das Herz hineinsenkt. Was wir in uns bewirken, bewirken wir auch für die Erde. Ist Schuld jeglicher Abfall von dem göttlichen Wesen, so entsteht, wenn das Ich des Menschen im Innern der Erde Sonne erzeugt, eine erlösende Bewegung, wo die ganze Erde sich wandelt und zur Sonne wird, Herz wird. Und jegliche Handlung, die aus der Liebe des Herzens sich vollzieht, ist ohne Schuld.

Je mehr eine Liebe aus Idealen erzeugt wird, umso mehr ist sie mit den Kopfkräften verwandt. Wieviele von unseren moralischen Idealen sind Zeit- bzw. Kulturraum-geprägt, hängen von Gedankenbildungen ab?

Strömt sie wie grundlos zu einem bestimmten Menschen und meint nicht nur sein Äußeres, sondern sein seelisch-geistiges Wesen, das ich in mir als Wahrheit erkenne, weil es mein eigenes Wesen bewahrheitet, aufleuchten lässt, sichtbar werden lässt, dann strömt eine solche Liebe aus dem Herzen. Je individueller auf den geistigen Wesenskern sie ausgerichtet ist und je weniger idealistische Gedanken damit verbunden sind, desto größere Willenssubstanz ist mit dieser Liebe verbunden.

Und je mehr sie mit Willenssubstanz verbunden ist, erzeugt sie Schmerzempfinden. Schon im Mittelalter sang man von der Äußerung der Liebe als Schmerz. Bei einer Liebe, die im Willen wurzelt, löst jeder Gedanke, jedes Auftauchen des Bildes des anderen Schmerz im Herzen aus. Solche Liebe ist das Zeugnis, dass man zusammen war und wiedervereinigt sein möchte, dass die Liebe also nicht durch Äußeres ausgelöst ist, sondern durch Karma. In jeder Faser des Herzens und des Leibes lebt diese große Liebe, die auf eine gemeinsame Vergangenheit hinweist und die gemeinsame Zukunft will. Die Willensbindung der Tiere zu der Gruppenseele, der bei Trennung Schmerz auslöst, ist im Menschen erhöht auf den karmischen Aspekt der verwandten Individualitäten.

Mit all diesen Gedanken habe ich die Tiere von dem, was den Menschen als lichtvoll Individuelles ausmacht, herausgesetzt. Wie kann ich als Mensch die Tiere wieder mit mir verbinden, ohne dass sie mich herabziehen ins Gruppenhafte? Wo ist der Ort der Tiere im Menschenwesen?

Im Dienst für die Erde haben die Tiere ihren rechten Platz. In der liebevollen Verbindung mit der Erde zeigen sich die Tiere als die Pfleger des Lebens der Erde, der Landschaften. So leuchtet in mir mein Sonnenwesen auf, wenn ich die Tiere heraussetze, doch kann ich in Zukunft nur Sonne sein in Verbindung mit dem Herzen der Erde und damit in Verbindung mit dem rechten Zusammenwirken all ihrer seelischen Helfer aus dem Tierreich.

Im Hochgebirge:

Gespräche mit den Bergen

Es wird kühl. Eine Wolke wälzt sich über die Bergspitzen, senkt sich über die letzten Grassohlen, auf denen ich stehe und erfüllt bald das ganze Tal unter mir. Sie deckt auch das laute Getose der Wasserfälle ein wenig ab und eine friedliche Stille verbreitet sich um mich herum. Auf einmal, nach scheinbar langer, langer Zeitlosigkeit, in der ich fast dumpf vor mir auf den Weg schaue, um die Tritte zu erkennen, wird mein Blick nach oben gezogen. Da sehe ich zwei Spitzen eines Berges, die zwischen sich einen weißen Gletscher tragen, sonnenbestrahlt durch die Nebel leuchten. Ehrfurcht durchzieht mich; das Empfinden, Gottes Thron dort oben im Himmel erscheinen zu sehen. Tränen rinnen mir aus den Augen, und unwillkürlich falten sich meine Hände zum Gebet.

Allliebe erfüllt mich. Sie ist ohne Glut. Eine tiefe Ruhe, die die Angst vor dem Tod nicht kennt. Sie verbindet mich mit den Kräften der Erdenschöpfung und breitet ein friedvolles Vertrauen aus in die Kräfte, die aus der Zukunft der Erde strömen.

In mir ertönen die Worte Christi an den Vater aus dem Johannes-Evangelium: „... damit die Liebe, mit der Du mich geliebt hast, in ihnen sei und ich in ihnen."

Ich erlebe ein tiefes Gottdurchdrungensein. Die Sonne beginnt nun auch meine Wangen und meinen Leib zu erwärmen und warme, ruhig lodernde Liebe strömt mir voller Freude durch das Herz in diese schöne Paradieseswelt. Die Allliebe hat sich gewandelt in ein liebendes Ich-Bewusstsein.

Weiter führt mich mein Pfad auf und ab durch die Grassohlen. Ich möchte gerne einen See erreichen, der oben im letzten Berg verborgen ist, der das Tal abschließt. Die gewaltigen Steinformationen, die seit Urzeiten hier die Formung der Berge ausmachen, lösen in mir ein mächtiges Beeindrucktwerden aus von der Größe und Kraft der kosmischen Kräfte. Im Anblick dieser komme ich mir klein und unbedeutend vor.

"Du Berg, wie lange schon thronst Du dort oben! Wieviele Menschen hast Du kommen und gehen sehen! Kann Dich das Leid eines kleinen Menschen berühren, gar seine Fragen?

Kannst Du die Liebe der Menschen verstehen, wie sie in Schmerzen ruft?"

Da zogen mit rasender Schnelligkeit, wie man es sonst nur aus dem Zeitraffer kennt, die Wolken in großen Wirbeln um die Bergspitzen. Sie scheinen wie gestaltet von der Seelenhaltung meiner Frage.

Diese äußere Spiegelung resoniert in mir in dem, was sich als Gewissen in mir regt. Es ist mir, als ob diese Gewissenskraft von dem Berg auszustrahlen scheint, als ob er ein Bewusstsein von meinen Seelenregungen hat, die hinter meinen Taten stehen. Ich erlebe diese Kraft als Wirkungen, die von seiner Oberfläche ausgehen. Die Steine scheinen mir mit unerbittlicher, glatter Härte da, wo ich eigenwillig unterwegs bin. Sie können auch, wie mich wahrnehmend, sich meinem Fuß darbieten, ihn stützen und sichern und ihm sogar Auftrieb geben, dass ich federnd aufsteige. Oder der Berg kann mit unerwartet lieblichen Oasen überraschen, die

ich zwar immerzu betreten, aber nur genießen kann, wenn mein Gewissen ruhig ist. Schnell können sonst Unruhen und Sorgen wie ein plötzlicher Wetterumschwung die Ruhe mir rauben. So erlebe ich meine eigene gedankliche Bewertung meiner Gefühle und Taten durch ihn versinnbildlicht, mir wiedergespiegelt. Gleichzeitig erlebe ich staunend, dass ich nie zuvor ein Wesen gekannt, dass sich so schnell im Physischen verändern kann wie ein Berg, und er scheint doch auf den ersten Blick so unbeweglich starr und fest.

Die Gewissenskräfte scheinen mir die Möglichkeit, mit dem Berg zu sprechen. Die Wolken und Wetter um ihn herum, die in Sekundenschnelle sich völlig verändern können, ja selbst die Farben, Lichtverhältnisse und Beschaffenheit seines Bodens sind seine Sprache. Sein Sprechen ist um ihn herum, kommt nicht aus ihm heraus.

Ich beginne auf seine Sprache noch feiner zu achten in den Wolkenbewegungen und Schatten- und Lichtverhältnissen, die auf ihm spielen. Sie wirken auf meine Lebensregungen und auf mein Gemüt.

Ich kann mich immer mehr mit dem Berg verbinden und erkenne, dass seine Sprachmöglichkeit auch mir zur Verfügung steht. Bisher von mir unbeobachtet, weil immer durch diese Sphäre hindurchgeschaut, gibt es auch um mich herum eine Sphäre, wo gespiegelt wird, was von anderen Seelen mir entgegenkommt; was sich dann als Missverständnisse herausstellt im Laufe der Zeit, denn ich merke gar nicht, wie meine Worte und Gedanken, die in gegenwärtiger Intention ausgesprochen werden, von anderen Menschen anders gegriffen und aufgefasst, mit anderen Seelenstimmungen verbunden werden, weil ich so überzeugt bin von meiner gegenwärtigen Willensausrichtung. Diese anderen Seelenstimmungen lagern jedoch wie Nebel um mich herum, ohne dass ich den Blick bisher dort angehalten und hingeschaut habe, so wie man lernt durch eine verschmutzte Brille durchzuschauen: Nebel, gebildet aus den Vorurteilen, die von anderen Menschen mir entgegengebracht werden.

Was da von außen kommt, ist nicht direkt und gegenwärtig, sondern ist einen Weg gegangen über die Lebensregung der anderen Menschen, die folglich von einem Willen von mir, von Taten und Wirkungen von mir betroffen sind, die aus der Vergangenheit stammen. Sie urteilen aus meinem vergangenen Willen, so dass sie sogar spontane moralische Handlungen mit einem Zweck belegen, weil sie den vergangenen Willen in unterbewusster Erinnerung haben, der sich jedoch in mir inzwischen gewandelt hat in moralische Kraft des Herzens. Ich werde dadurch von meiner Umgebung in meinen Impulsen unfrei gemacht und muss doch erkennen, dass ich selbst in der Vergangenheit diese Sprache erzeugt habe, die jetzt so wirkt. Und welch verzerrte Wirkung entsteht alleine durch die Zeitversetzung! Hat man es z. B. vor Tausenden von Jahren nötig gehabt, das Blut rein zu erhalten für bestimmte geistige Entwicklung, so wird das heute als sich abgrenzender Wille wahrgenommen, als "Sie meint wohl, sie sei etwas Besseres." Das schwingt dann in allem mit, was man tut, selbst wenn man ‚niederste Arbeit' verrichten würde, weil man in diesem Falle das Bewusstsein von oben und unten in der eigenen Bewegung um sich herum mit sich trägt; sich hinunterneigt, statt auf Augenhöhe zu arbeiten. Ja und alles Vergangene erscheint auch an einen Zweck gebunden, weil zur Wahrnehmung der Ursache auch die erreichte Wirkung mit erscheint. Dadurch entsteht auch noch eine riesige Verzerrung, die das Vergangene aus dem Bereich des Herzens in das Gehirn zieht, weil es statt spontan gegenwärtig, planvoll zweckgebunden erscheint. Wir üben sogar solche Betrachtungsweise, wenn wir Lebensläufe schreiben.

Die Sprachmöglichkeit des Berges, der durch die Spiegelungen und die Lichtreaktionen das Gewissen belebt und anregt, die lebt in mir als die Sprache meines Karmas, meiner Schicksalsgestaltung.

Wie kann mit dieser Spiegel-Sphäre belastet meine Liebe zu anderen Menschen in freier Art und Weise strahlen?

Ich betrachte meine Menschensprache. Auch hier wirken Willensimpulse. Es entsteht Klang, der auf die Seele, auf das Gefühl der zuhörenden Mitmenschen wirkt. Meine gegenwärtig moralische Kraft ist im Klang meiner Stimme zu hören.

Neben mir sprudelt ein Bächlein den Hang hinunter. Ich kann hören, ob es über runde Steine liebevoll gurgelt oder gepresst von Hindernissen Unwohlsein in mir auslöst. So wirkt auch die menschliche Stimme auf die Seele der Mitmenschen durch unsere eigenen Seelenräume, die wir gestaltet haben. Unsere Hingabe an die Mitmenschen bestimmt den Maßstab für den Klangraum, den wir in uns tragen: ob wir den Klang für uns drinnen hören wollen oder draußen den Klang verschenken. So kann im Klang der Stimme die gegenwärtig freie Liebe eines Menschen ohne karmische Belastung gehört werden.

Wie können wir unser Karma erlösen? Ich sehe, wie der Sonnenschein, der mir den Berg sichtbar macht, von außen auf ihn kommt. Können wir unser Karma gar nicht selbst erlösen? Ist es der andere, der in Liebe die Nebelgestalt erlöst? Der Liebende, der einen nicht über außen anschaut durch diese Gestalt, die wie eine Art Verzerrung, wie ein verzerrter Doppelgänger von uns dasteht, sondern den Nebel wegschafft, weil er durch die Liebe den Weg ins Innere unseres Herzens kennt?

Was ist dann mein Anteil an der Erlösung?

Das mich nicht Verschließen, das für möglich halten, dass der Sonnenschein mich erreichen kann? Mit der Ergebenheit an die Kräfte, die mir aus der Zukunft fließen, die zeitversetzten Verzerrungen der vergangenen Willensimpulse auszubalancieren in Hingabe an den Christus, der das Menschenwesen aus der Zukunft entfaltet? Entsteht so die freie Gegenwartsbegegnung in Liebe?

Inzwischen bin ich am See angekommen. Ein Wasserfall ergießt sich in großem Schwall in ihn, doch er hat keinen sichtbaren Ablauf. Weiter unterhalb von ihm ist der Hang durchsetzt von lauter Quellchen, die fröhlich aus Blumen und moosigen Felsen sprudeln. Der See selbst erscheint wie ein ruhiger, großer Spiegel der Gletscherspitzen und des Wolken- und Lichtgeschehens. Der See ist ein Auge, ein Sinnesorgan des Berges, welches all diese Seelenstimmungen in sein Inneres weitergibt und ihn damit durchströmt.

Ich fühle wie mein Karma nicht nur durch die Spiegelsphäre nach außen wirkt, sondern auch durch mein Gedankenleben nach innen auf mich wirkt. Ich erlebe, wie meine Gedanken-Interpretationen der Handlungen, Worte und Gefühle der anderen Menschen wiederum beteiligt sind an meinem Schicksal, weil diese mich wiederum veranlassen, die Schritte zu wählen, die ich im Leben setze.

Über das Gute zur freien Liebe

Wie kann ich dann in eigener Aktivität das Gute in meinem Leben verwirklichen und nicht durch die Nebelgestalt verhindert werden?

<u>Fühlen:</u>

Wenn mein Fuß rutscht auf dem Berg, kann ich vorher wahrnehmen, dass mein Bewusstsein weggesogen ist aus dem Einssein mit dem Weg. Dann passiert es. So achte ich mit wachem Willen auf diese Verbindung, wann der Blick klar bleibt und eine Blühkraft mich und den Weg im Herzen verbindet und wann mein Blick wie welkend in den Kopf gesogen wird.

So bekomme ich für meine eigene Schicksalsgestaltung, wenn ich im Willen wach bleibe, ein Gefühl dafür, wann sich durch die Interpretation von dem, was mir von außen kommt, mein Herz verdunkelt in seinem inneren Wesen und wann es sich im Blühenden entfalten kann. So bleibe ich verbunden mit dem Weg, den der Christus aus der Zukunft meines Wesens mir entfaltet.

Ich kann das Gute im Herzen fühlen, wenn ich im Willen wach bleibe und das Gute will.

Das Fühlen alleine reicht noch nicht aus, um wirklich die Liebe zu erleben. Es ist die Stufe und Bewegung der Pflanzen. Ich brauche zumindest die Willenskraft, um mich im eigenen Anschauen und Erkennen der Lichtverhältnisse, die sich in meinem Herzen als Blühen oder Welken äußern, mit Bewusstsein zu halten.

<u>Denken:</u>

Manchmal, wenn ich die nächste Bergkuppe, über die der Weg führt, weit oben über mir sehe, frage ich mich, wie ich das je schaffen soll? Doch dann setze ich einfach Schritt nach Schritt und in wenigen Minuten sehe ich den Ort, wo ich eben gezweifelt habe, schon weit unter mir liegen.

So achte ich darauf, dass jeder Gedanke in der vertrauensvollen Bewegung zur geistigen Welt sich vollzieht. Vertrauen, das sich nicht auf Äußeres stützt und auf Erfahrungen, sondern von mir wollend erzeugt, die Menschen in ihrem Innern segnet und hilft, mit lichtvollen Gedanken sie für das Gute zu öffnen.

Das korrespondiert mit der Stufe des Tierreiches, wo der Anschluss zum Gruppenwesen dasjenige ist, was das einzelne Tier dirigiert. Doch ich gebrauche, mich absetzend von dem Dirigiert-Werden durch äußere Umstände, meine Willenskraft, dass ich das Vertrauen in die Führung der höheren Wesen aufrecht erhalten kann und nicht in Zweifel komme bezüglich eines Menschen, wissend, dass meine Vertrauenskraft ihn segnet für die Anwesenheit des Guten und Höheren auch in ihm.

<u>Wille:</u>

Doch ich kann das Gute auch **e i n f a c h** wollen. Dann bin ich gegenwärtig moralisch aus dem Ich tätig. Es ist die Stufe der Berge, doch aus dem freien Ich gegriffen.

<u>Das Fühlen nach der Willensbetrachtung:</u>

Das Gefühlsleben erscheint mir **z w e i f a c h** . Gefühle, die in mir entstanden sind und von mir ausgehen und Gefühle, die mich von außen betreffen. Um das Gute fühlen zu können, durchdringe ich jedes Gefühl mit dem Willen. Die Gefühle, die von mir ausgehen, durchdringe ich mit freilassendem Respekt vor dem Willen des anderen und in die negativen Gefühle, die mir von anderen entgegenkommen, bringe ich keine distanzierende Interpretation hinein, sondern suche aktiv in ihnen das Gute und Berechtigte: z. B. jemand ist missgünstig auf einen Erfolg von mir: Wo bin ich zu weit gegangen, habe mich mit meinem Projekt zu sehr aus der sozialen Gemeinschaft abgehoben, nicht alle mitgenommen? Jemand ist eifersüchtig: Wo habe ich ihm zu wenig Aufmerksamkeit geschenkt, zu wenig die Möglichkeit gegeben, dass er sein Wesen in mir entfalten kann? Wenn ich so jedes negative Gefühl, das ich wahrnehme, ins Gute wandele, dann kann sich mein Weg blühend entfalten ohne dauerhafte Hindernisse und von gegenwärtigem, freiem Geist getragen.

<u>Das Denken nach der Willensbetrachtung:</u>

Das Gedankenleben erscheint mir **d r e i f a c h**.

a) Gedanken, die in der Gegenwart interpretierend wirken,

b) Gedanken, die die Zukunft segnend Vertrauen bilden

c) und Gedanken, die die Vergangenheit heilend Erinnerung bilden.

Um das Gute denken zu können, durchdringe ich meine Gedanken mit meinem Willen.

a) Ich durchdringe jeden Gedanken der Gegenwart mit der sinnlichen Wahrnehmung. Ich lasse ihn weder abgehoben nur aus der Logik, noch eingepfercht durch äußere Bedingungen sich entwickeln, und ich schaue mir jeden Gedanken in seiner Bewegung an. Da ich die Möglichkeit habe, einen zeitlichen Ablauf zu übersehen, diesen zu einem Akkord zusammenzufassen, bekommt der Gedanke in mir eine sinnliche Erscheinung: eine

Form. Dadurch verknüpfe ich in jedem Gedankenvorgang die geistige Welt mit der sinnlichen Wahrnehmung. Es kommt in mir das Wesen des Gedachten dadurch bis zur Erscheinung. Unser Aussehen ist geprägt von dem, was wir denken und sprechen, doch es dauert Jahre, bis es sich in unsere Physiognomie, ja, es dauert eine Inkarnation, bis es sich in unseren ganzen Leib einprägt. Wenn ich die Gedanken anschaue in ihrer Formgestalt, kommt das Wesen des Gedachten schon gegenwärtig in mir zur Erscheinung.

Durch diese Fähigkeit kann ich auch jegliche sinnliche Form als zur Ruhe gekommene Bewegung wahrnehmen. Diese Art, Bewegung zu entdecken, führt in eine von Wesen bewegte Vergangenheit, und ich kann die gegenwärtig vorhandenen Formen mit ihrem geistigen Wesen, das ihren Urgrund ausmacht, wieder rückwirkend verbinden. Da ich dann aufhöre, Form an Form zu stücken, findet keine eigenwillige Interpretation statt, sondern es offenbart sich im Anschauen jeweils das Wesen. VATER-Wirken.

b) Das von meinem Ich erkannte Wesen kann ich nun vorstellungsfrei aus sich heraus auch gen Zukunft bewegen lassen. Da es durch die kondensierte Form, in die ich es gebracht habe zur Anschauung, mit der Erde verbunden ist, bewegt es sich, wieder in Bewegung gebracht, aufsteigend, nicht horizontal auf der Erde wie die Tiere, die noch nicht mit der Mitte der Erde verbunden sind. Dadurch geht es nicht mit Eigenwille gen Zukunft, sondern nimmt aus der Erde auferstehend, die Christuskräfte empfangend auf, die aus der Zukunft strömen und die Wesen entfalten lassen. Ich stütze meine Vertrauenskräfte nicht mehr auf die gegebene Form, sondern auf das von Christus bewegte und sich

entfaltende Wesen, das mir in meinem Gedankenleben sichtbar wird, wenn ich die Form wieder zum Ton, zur Melodie werden lasse.
CHRISTUS-Wirken.

c) Und nun kann ich sogar mit meinem Willen die Gedanken und Gefühle durchdringen, wie sie sich in meiner Erinnerung festgesetzt haben. Denn auch in der Erinnerung wird die Nebelgestalt tätig. Ganz leicht kann man von gegenwärtiger Stimmung ausgehend, die Erinnerung färben. Man kann das Furchtbare seiner Kindheit aufleuchten lassen, den Mangel oder das lichtvoll Schöne, und je nach Beleuchtung steht unsere Bergformation, die unsere Erinnerung bildet, dann da. Und der Berg ist, wie schon beschrieben, am Beweglichsten von allem. Schon das Trinken eines Kaffees reicht aus, dass sich die Erinnerungsstimmungen unseres eigenen Erinnerungsberges fröhlicher zeigen. In der Vergangenheit sind die äußeren Abläufe notwendige Formationen geworden, doch ich bin völlig frei auch in der Vergangenheit, diese in ihrer Lichtgebung und in ihrer Wirkung auf mich in der Gegenwart zu gestalten!
Ich kann langsam die ganze Vergangenheit heilen, indem ich mit meinem jetzig liebevollsten Bewusstsein vergangene unangenehme Situationen aus dem Opfersein heraushebe und das geistig lichtvolle Ich-Wesen des scheinbaren Verursachers des Unangenehmen entdecke: seine Art und Weise der Bewegungsführung, wie er mir Spiegel war für Weiterentwicklung. Durch diese Beleuchtung zum Guten erlöse ich nachträglich die Nebelgestalten der anderen. Und überraschend neu kann ich die Nebelgestalt erleben. Sah ich sie anfänglich nur um mich herum und die Distanz zu den anderen, die sie bewirkte, wird sie mir jetzt als gemeinsamer Beziehungsraum

bewusst, der von beiden Seiten her erlöst werden kann. Durch diese freie Ich-Aktivität in die Vergangenheit hinein, habe ich die Möglichkeit, von meiner Seite her, Sonnenschein erlösend in die Nebelgestalt zu bringen. So durchziehe ich meine Vergangenheit mit einer lichtvollen Liebe.
GEIST-Wirken.

Und nun zur individuellen Liebe: Ich kann also einerseits frei in meinen Gedanken Liebe aktiv wollend erzeugen zu jedem Wesen. Doch nun kommt die Frage nach der Freiheit des Willens hinzu! Und die ist erst vorhanden, wenn ich dasjenige aufgreife, was zu meinem Wesen gehört, sonst schränke ich andere Wesen in ihrer Entwicklung ein. Dazu muss ich in mir unterscheiden lernen, was wirklich mein Wesen ist und was Verhältnisse sind, in denen ich in diesem Erdenleben stehe. Ich werde das, was zu mir als Ich-Wesen gehört, spätestens an dem Ausmaß des Schmerzes in meinem Herzen erkennen, wenn ich es für einige Zeit verliere durch ein Nicht-Erkennen, ein Nicht-Begegnen und wenn ich es unterscheiden kann von dem Auftreten eines Schmerzes, der aufgrund eines Mangels des Gewohnten auftritt.

Das geistige Wesen einer Landschaft prägt auch in die Tiere hinein und sie sind so beweglich, dass sie aufsuchen, was ihnen genehm ist. Dadurch kommen im Tierreich nur kleine Veränderungen vor über die Jahrtausende. Und sie müssen aussterben, wenn die Erde ihrer Form nicht mehr entspricht.

Die Pflanze metamorphosiert sich durch die unterschiedlichen Elemente und Äther, denen sie ortsgebunden ausgesetzt ist. Da gibt es durchaus Sprünge von einem Keimblatt, das im Übergang vom Erde- zum Wasser- und Luftelement lebt, zu einem Blütenblatt, das im Lichtäther, im Feuerelement lebt.

Ist der Wille des Menschen frei wirksam, dann kann das höhere Ich sich seiner bedienen, und es kommt nicht nur zur Metamorphose wie bei den Pflanzen, sondern sogar zur Wandlung. Eine völlige Lebenswandlung kann kommen, wird das innere Wesen bis ins Äußere zur Erscheinung kommen gelassen und wenn in solcher Art von Gleichgewichtsfindung dann die Form nicht mehr über das innere Wesen siegt. Das ist Wahrhaftigkeit dem Christus gegenüber.

Und dieser reine, umgekehrte, wesensgemäß seiende Wille und dieses Ich-tätige, freie Denken, das mit der sinnlichen Anschauung im Ätherischen verbunden ist, verbinden sich zu einem Gefäß, in das sich die Liebe des Christus senken kann und von da aus die Erde durchströmt.

Nachwort

Diese Schrift ist nach der Art und Weise des Licht-Seelenprozesses geschrieben. Rudolf Steiner bezeichnet so die michaelische Weise, die Natur zu erkennen.

Ich lebe nicht nur in meinen isolierten Gedanken, sondern betrachte eine zur Ruhe gekommen Form in der Natur und werde mir dabei ihrer Bildungsprozesse bewusst. D.h., ich führe den Stoff in einen Prozessvorgang über. Dazu brauche ich meinen Bewegungs- und meinen Lebens-Sinn. Wenn ich dabei nicht nur einen linearen Prozess des stofflichen Werdeganges anschaue, zum Beispiel: Mineral und Metall - Schmelzen - Glas, sondern den Prozessvorgang gleichzeitig als ein Zusammenwirken von kosmischen Kräften von außen und Wesenskräften von innen wahrnehme, dann brauche ich auch meinen Gleichgewichtssinn. Indem ich den Stoff also in Prozesse überführe, bringe ich durch mein Ich das geistige Urbild wieder zum Aufleuchten in dem angeschauten sinnlichen Eindruck, ich durch-iche das erkannte Wesen. Dadurch wird die Natur, die einmal aus dem Menschenwesen herausgesetzt wurde, damit wir abgeschlossen, wie ein Same in seiner Samenhülle zu einem Selbst im Sinne eines Ego kommen konnten, in meiner Erkenntnis, die nicht nur mir als Ego zur Verfügung steht, sondern einen Teil vom Mantel des zukünftigen Menschenwesens ausmacht, aufgenommen in dieses Menschenwesen, in dessen Bildungsvorgänge.

In diesem Sinne ist der Licht-Seelenprozess ein kultischer Prozess, ein kultischer Vorgang, wo ich als Mensch Geist und Erde, Geist und Natur vereine. Eine Transsubstantiation im kainitischen Sinne.

Die Liebe, die als der unangebundene, freie Same des
Menschenwesens aus dessen Hülle der Natur entspringt, hüllt
sich danach dann mit Wurzeln, die es in freier Weise in die
Erde senkt, in erneuerter Weise mit all den Elementen und
Planeten- und Tierkreiskräften in eine Pflanze, deren Blüte
des Ichs dann in Freiheit sich den Schöpfungskräften des
Kosmos hingeben kann.

So wird die Liebe selbst zu einem Prozessvorgang, der atmet
durch das individuelle, freie Herz und sich mit den Kräften
des Kosmos eine Hülle schafft, mit der er liebend an die
Gottheit angebunden ist.

Christiane Gerges

Christiane Gerges leitet eine Ausbildung der Mysterienkunst, in der die kultische Eurythmie die zentrale Stelle einnimmt.

Weitere Schriften der Autorin auf der Webseite:

christiane-gerges.de